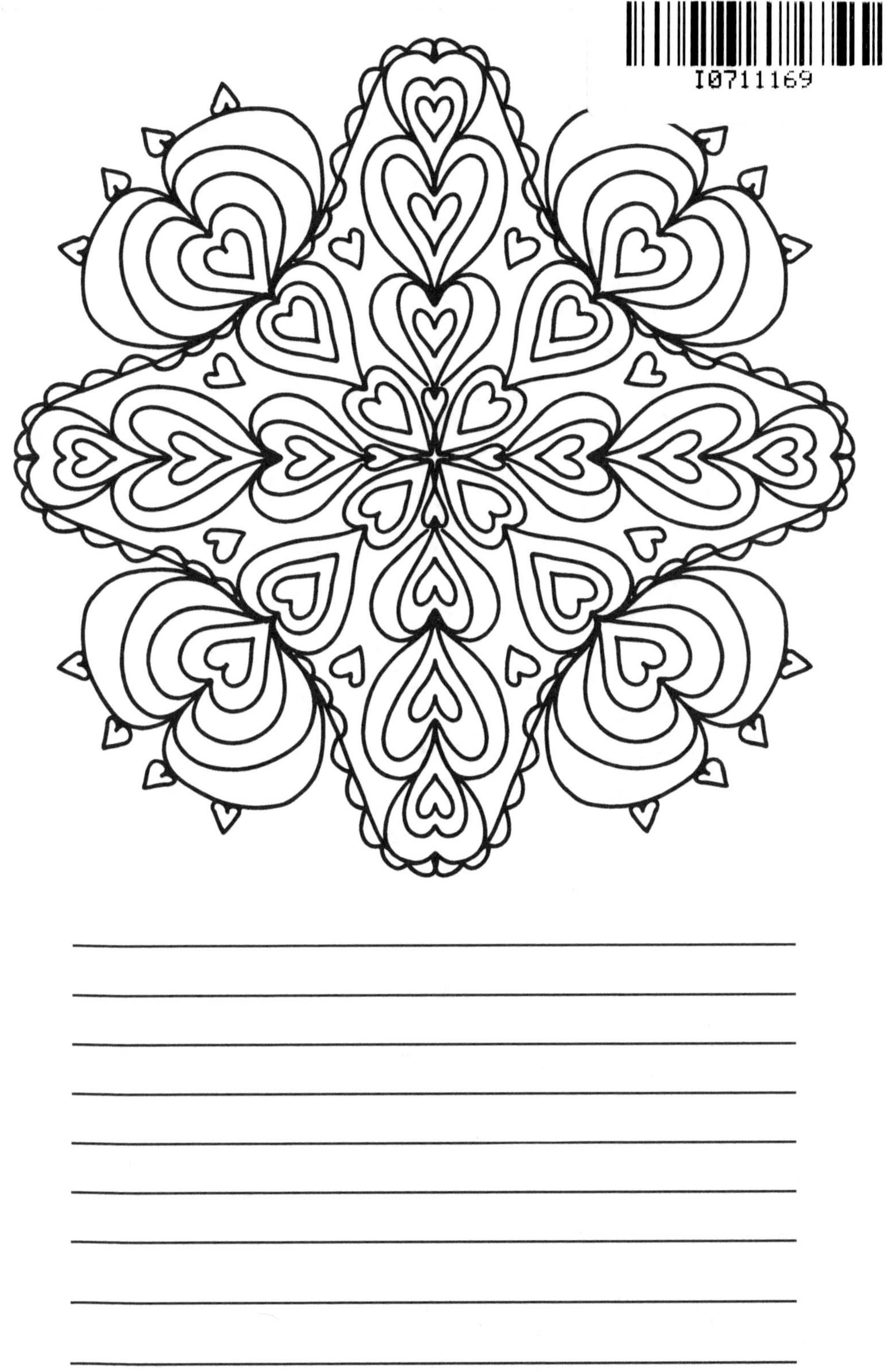

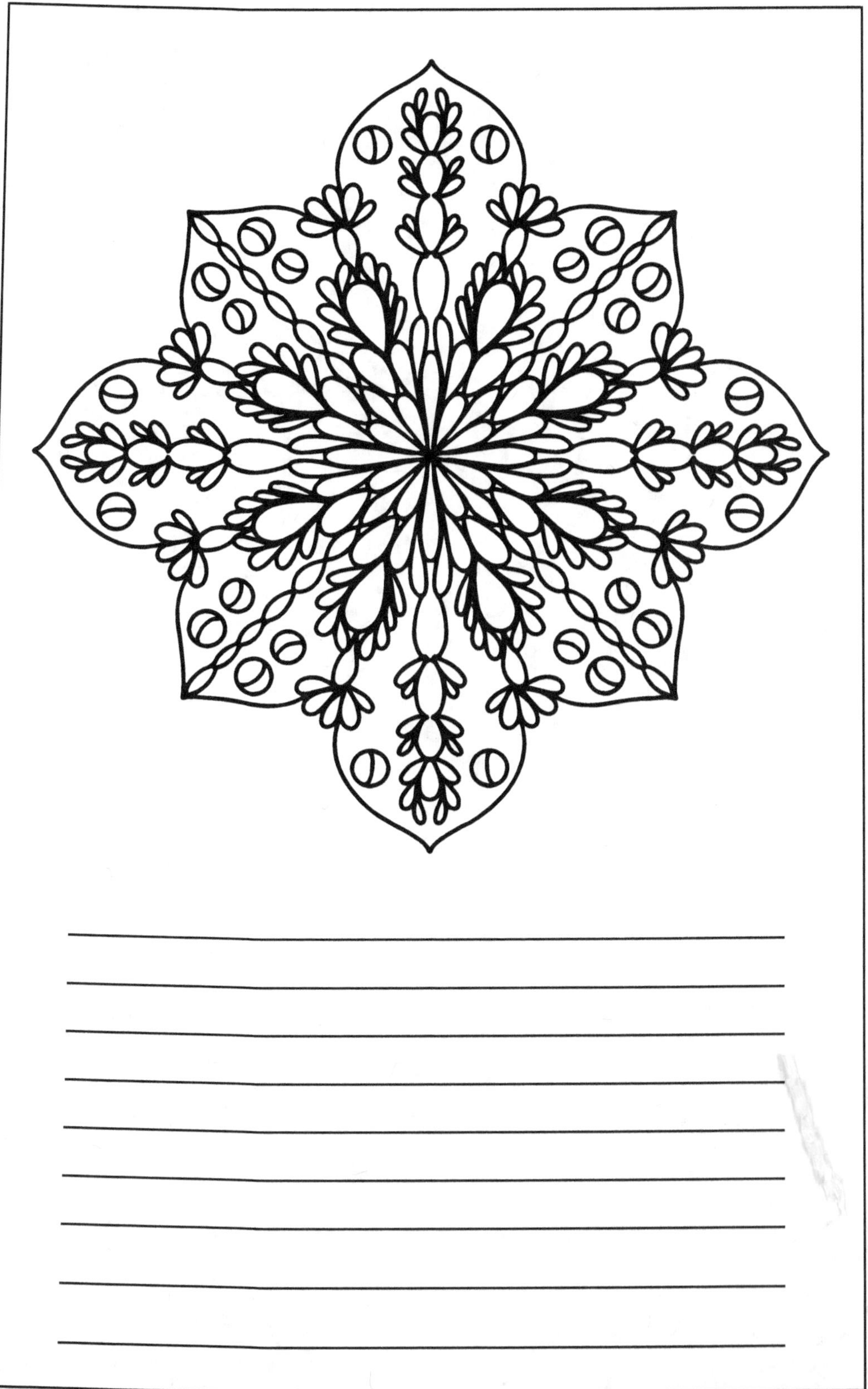

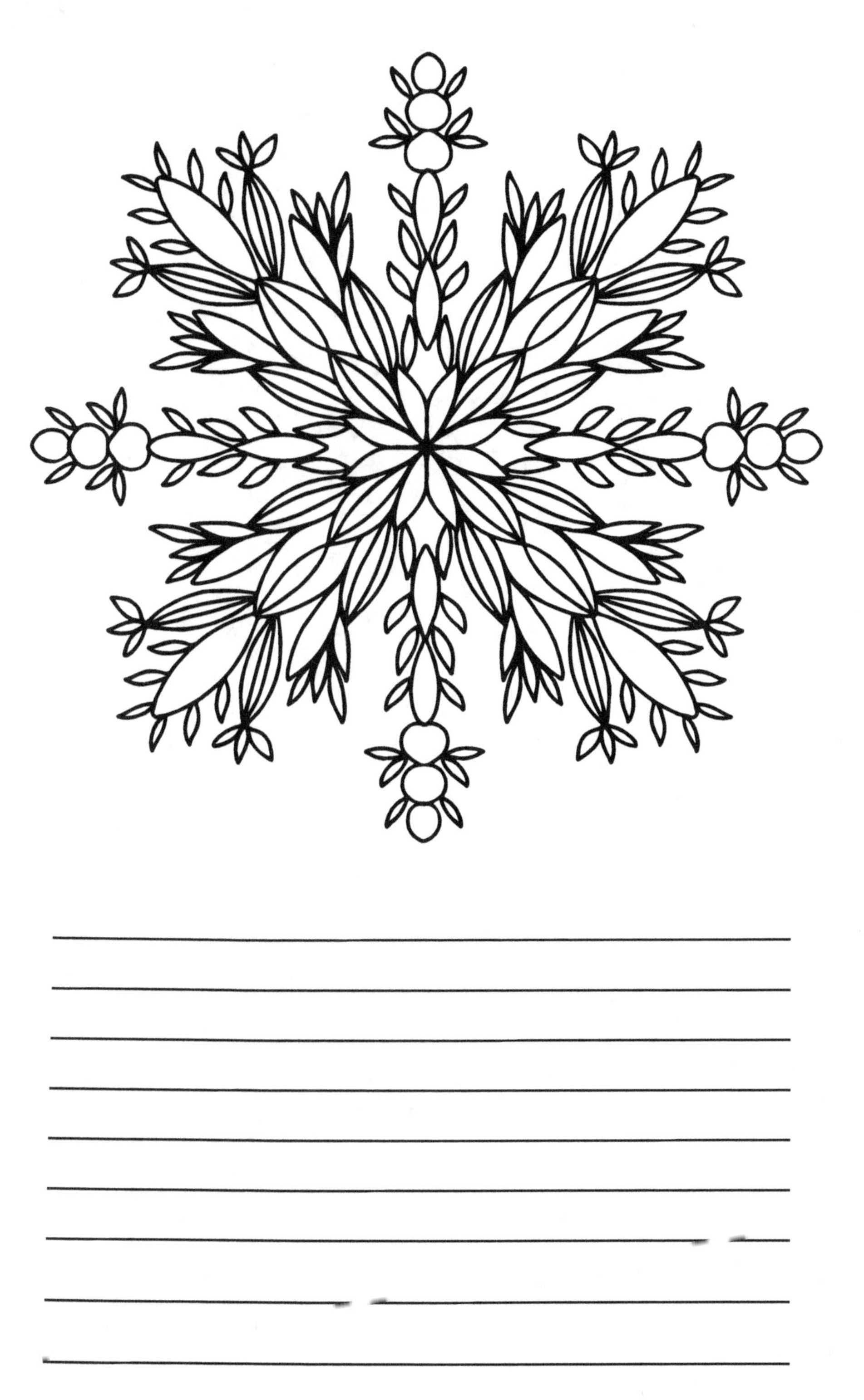

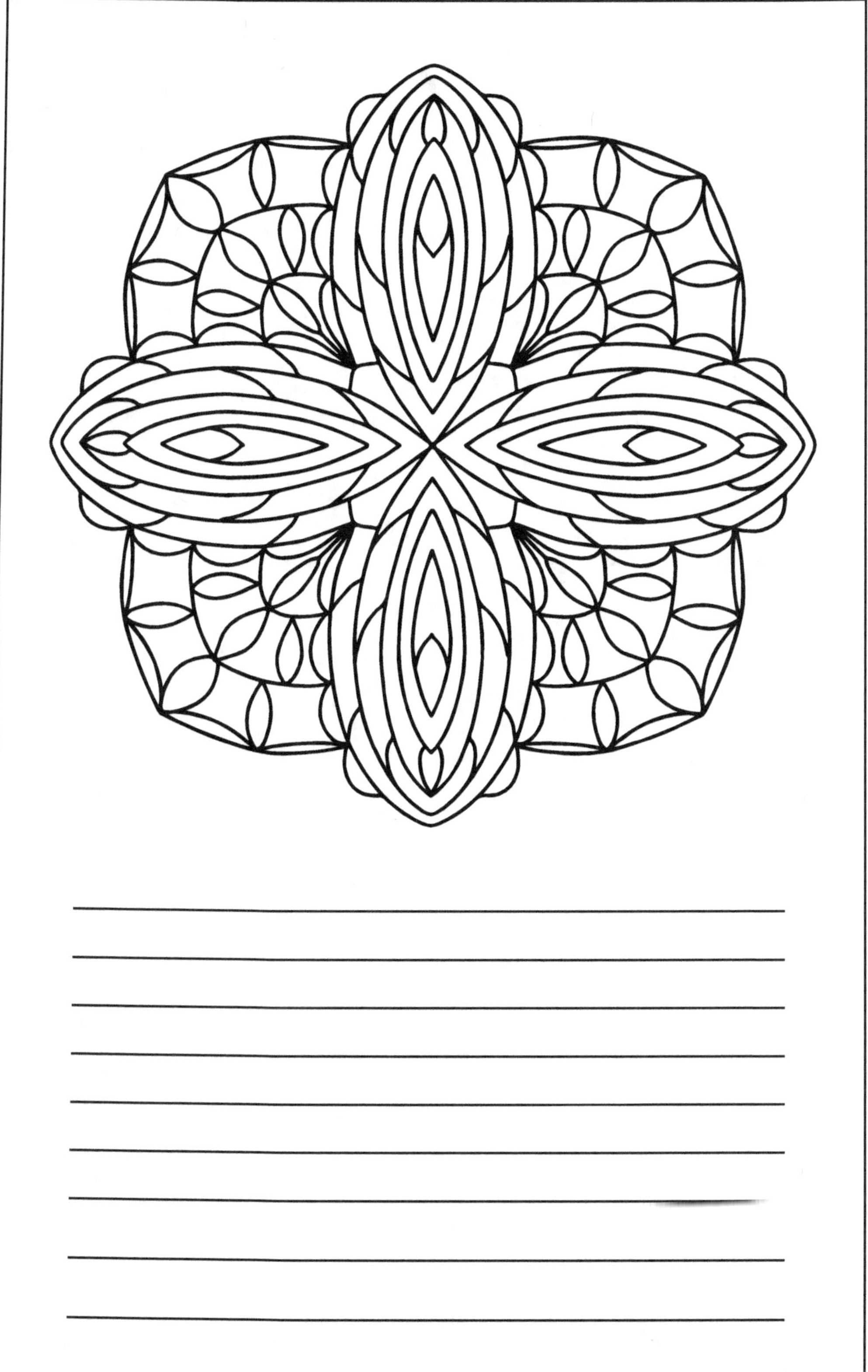

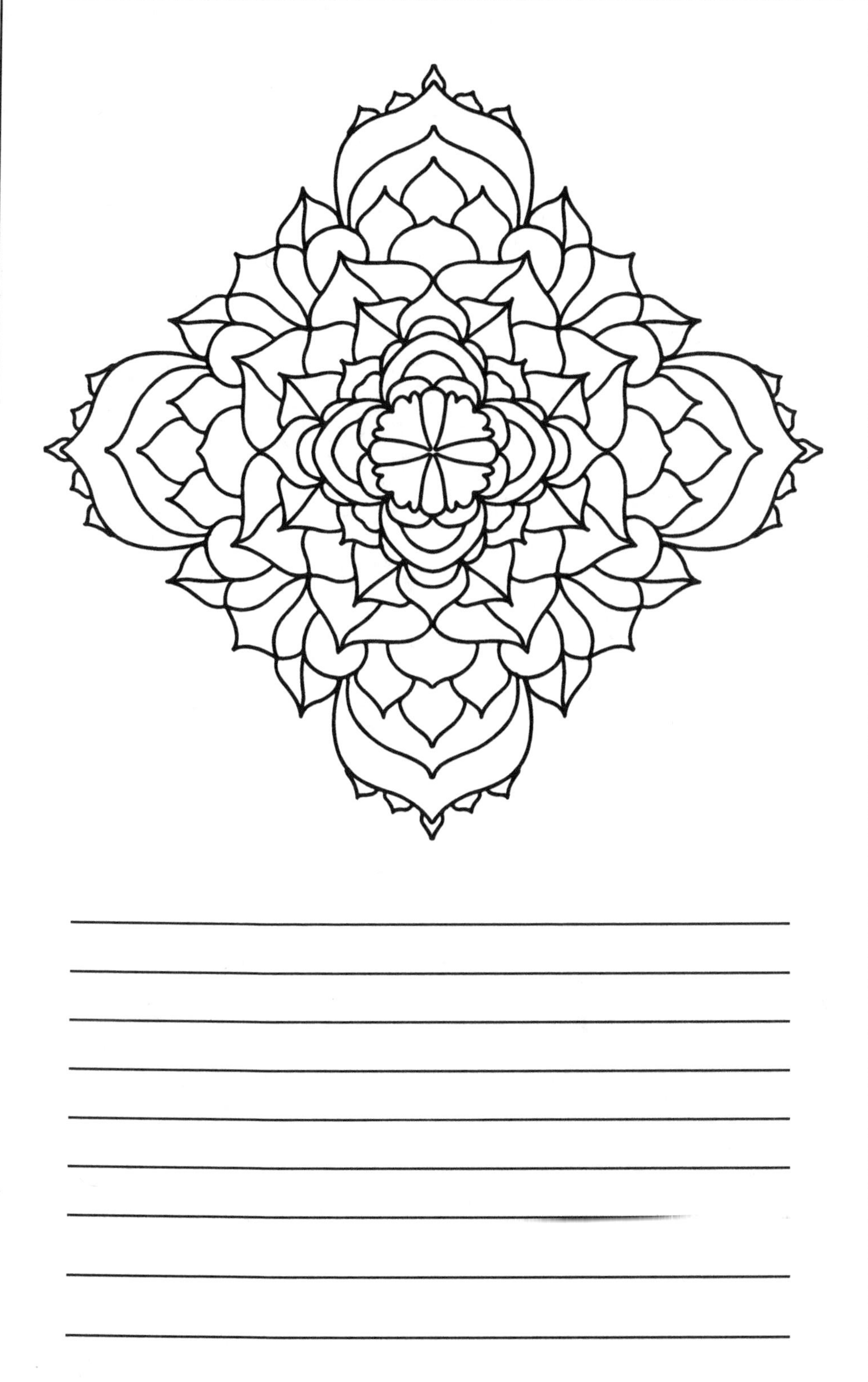

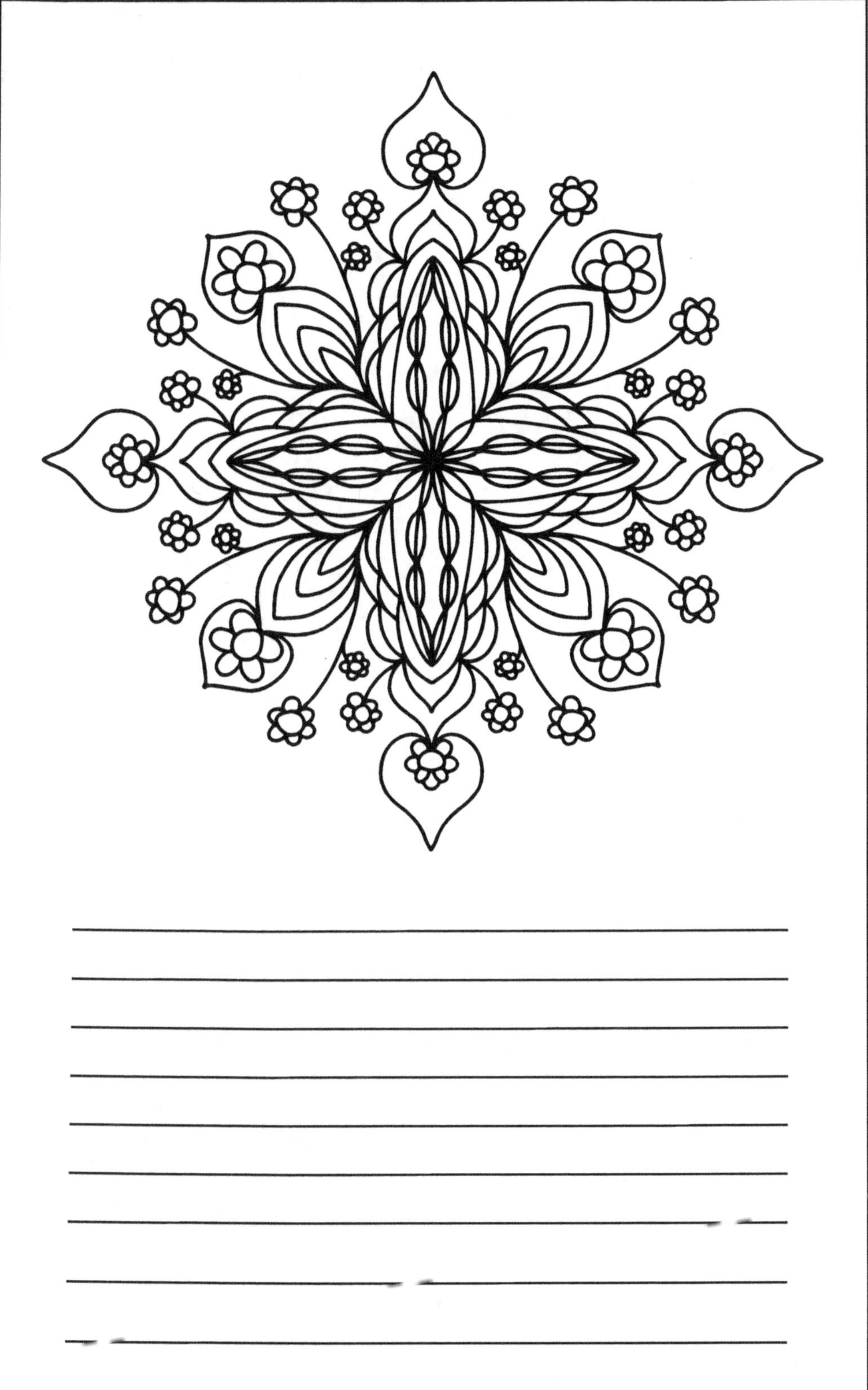

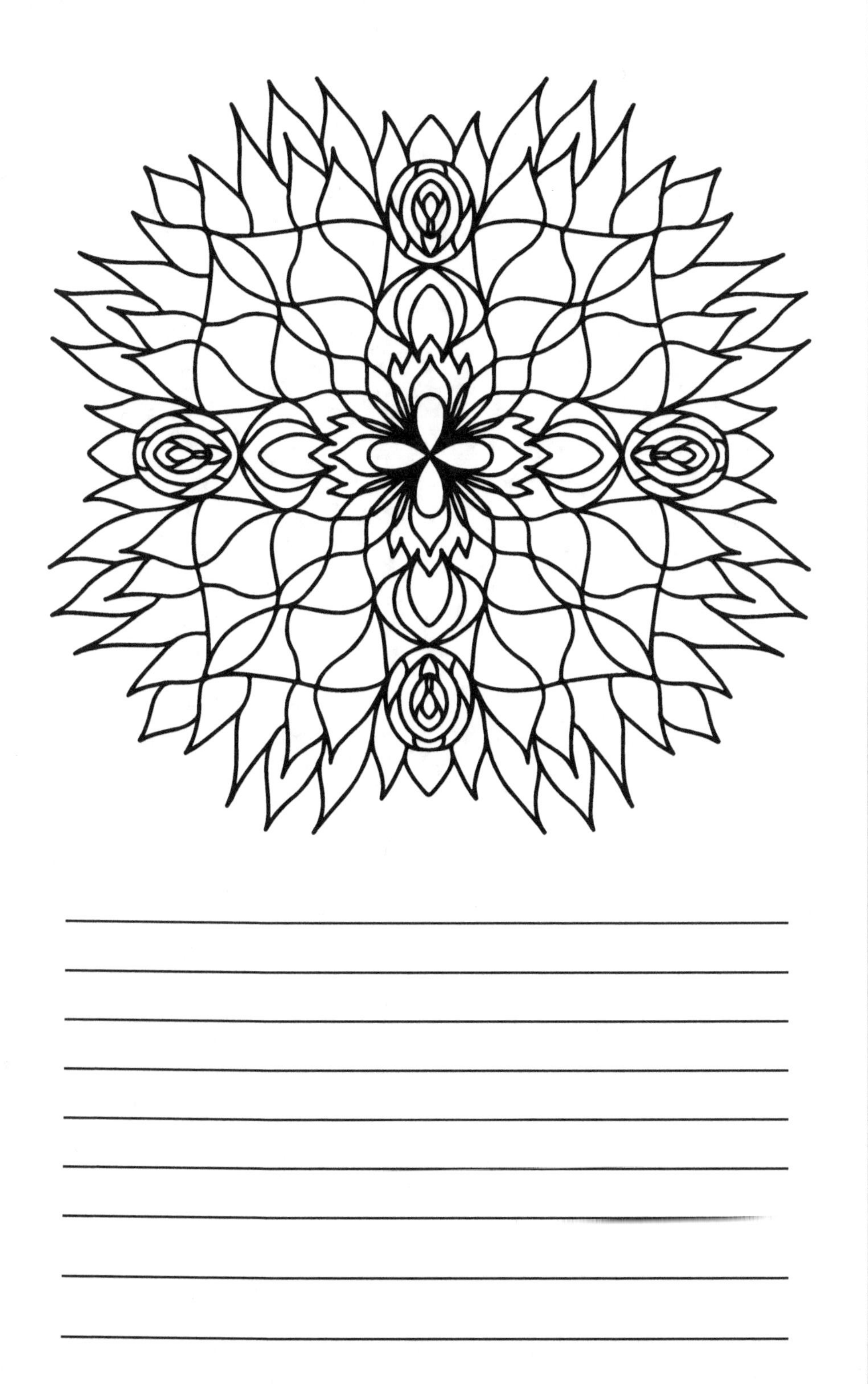

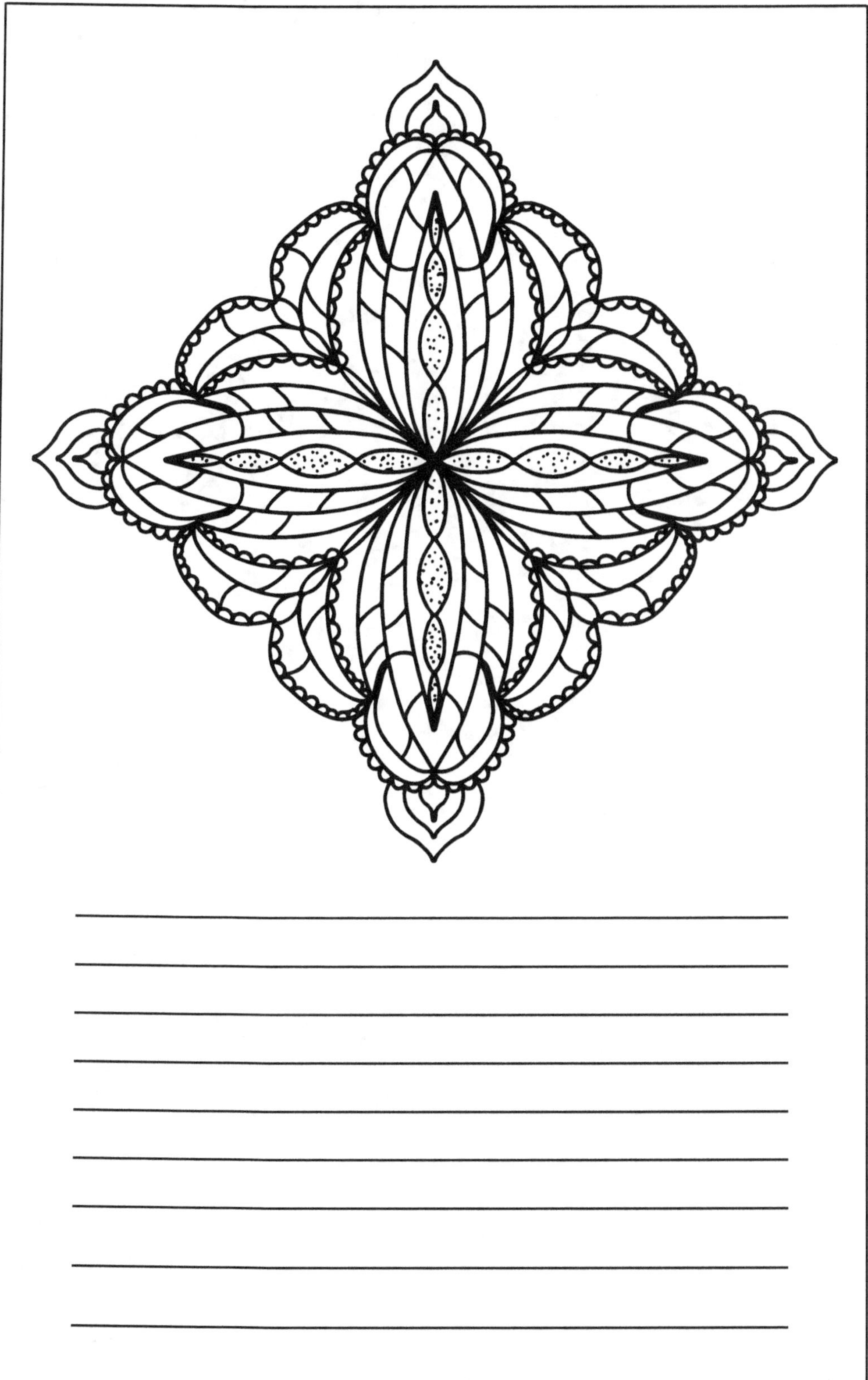

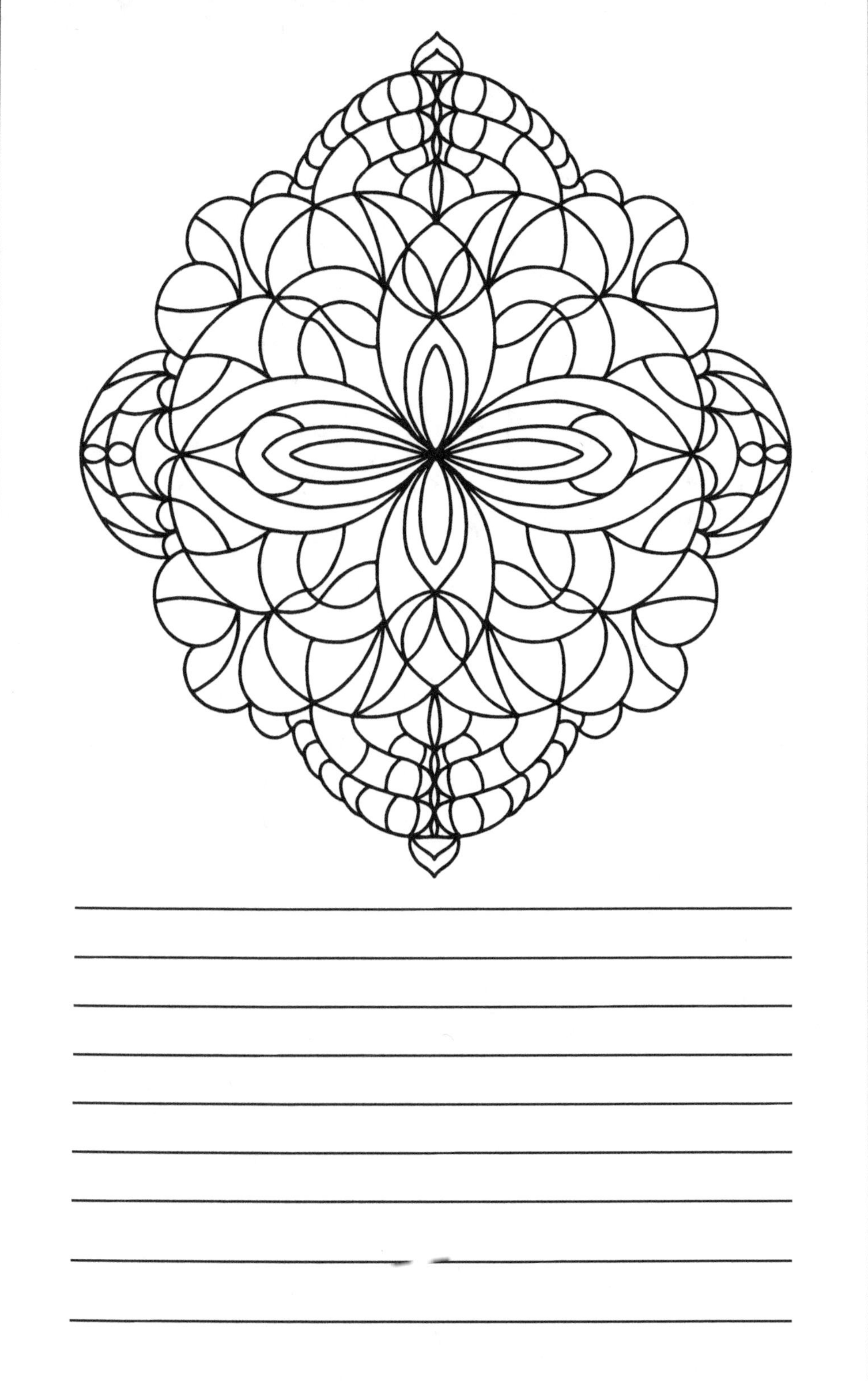

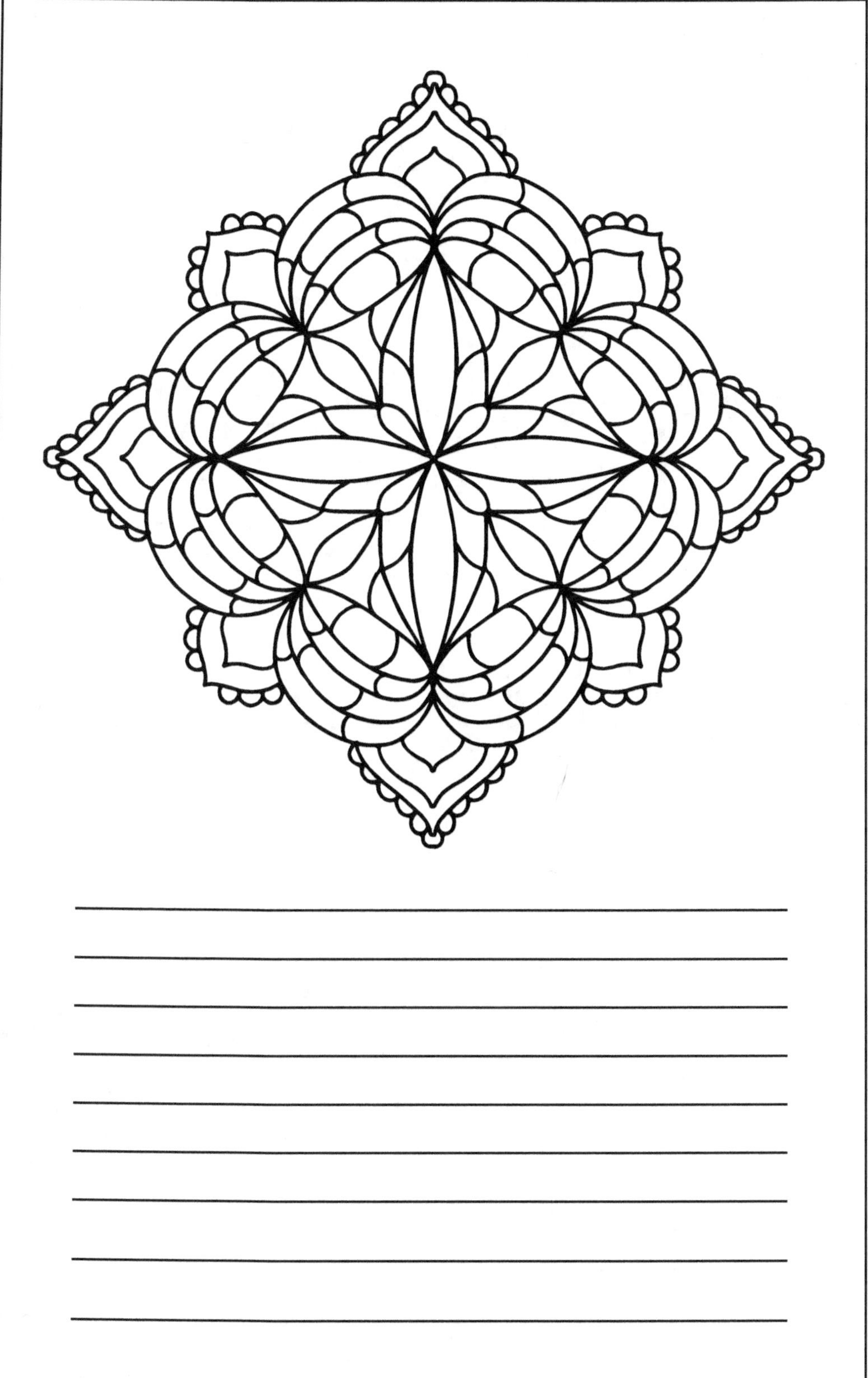

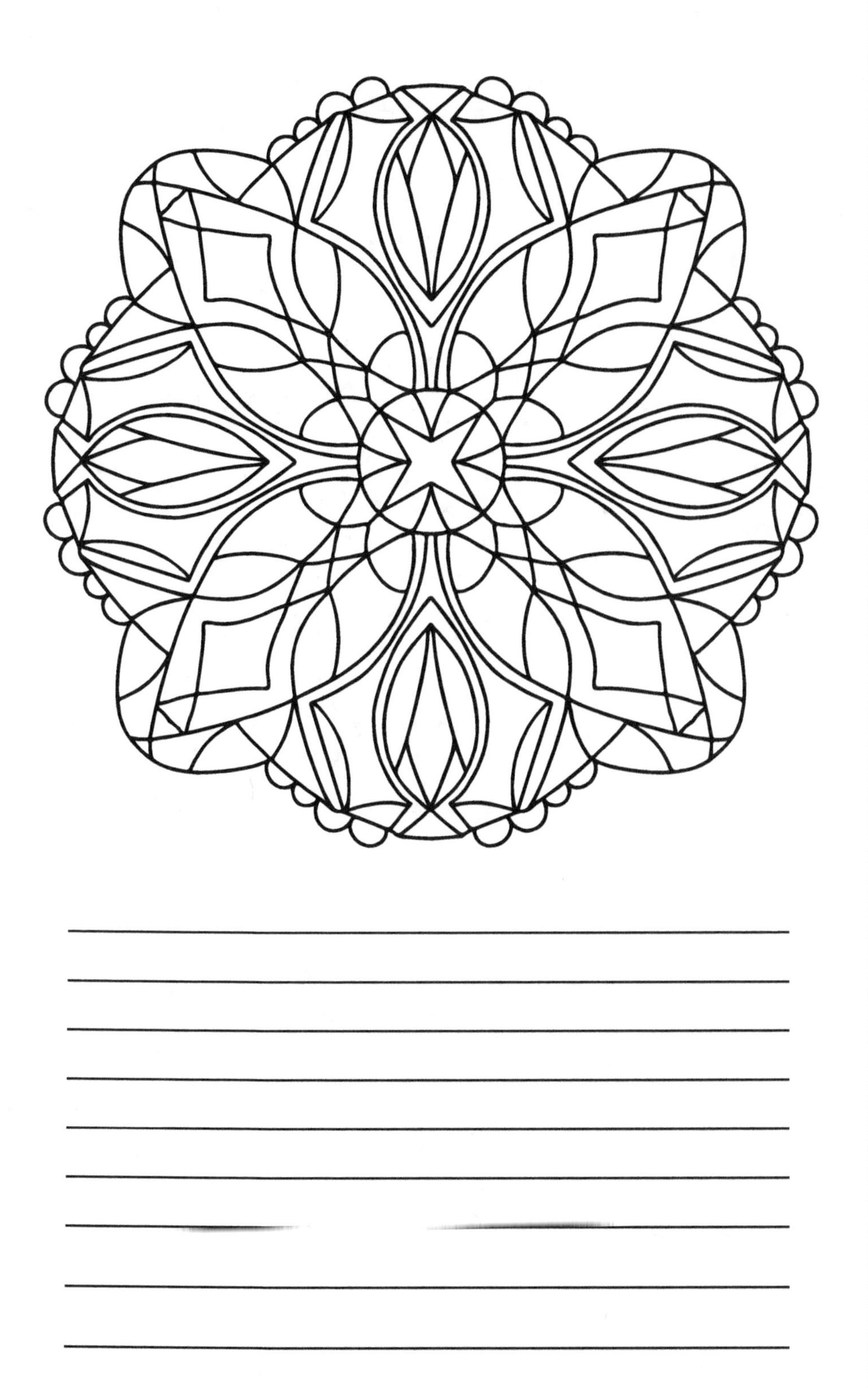

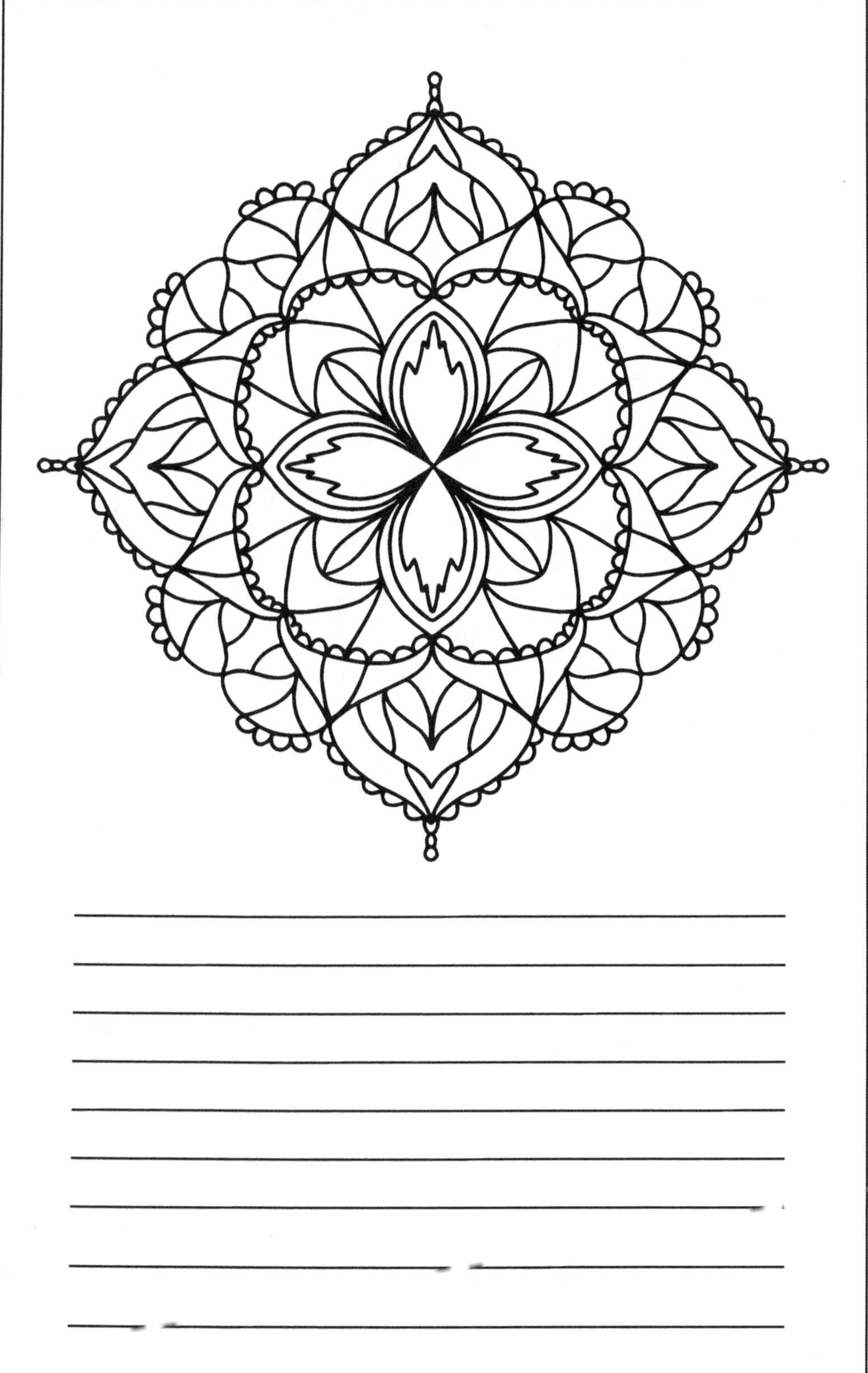

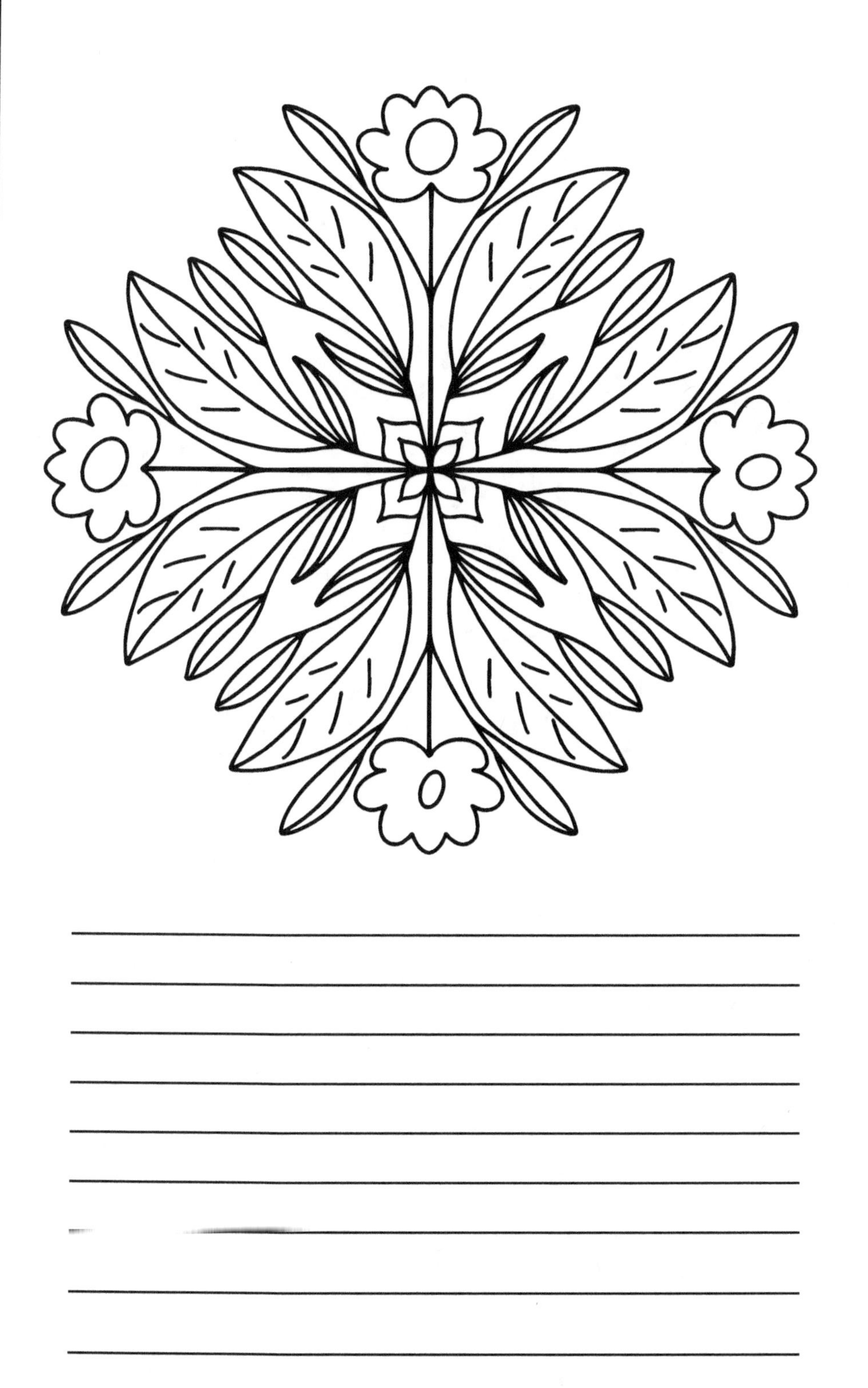

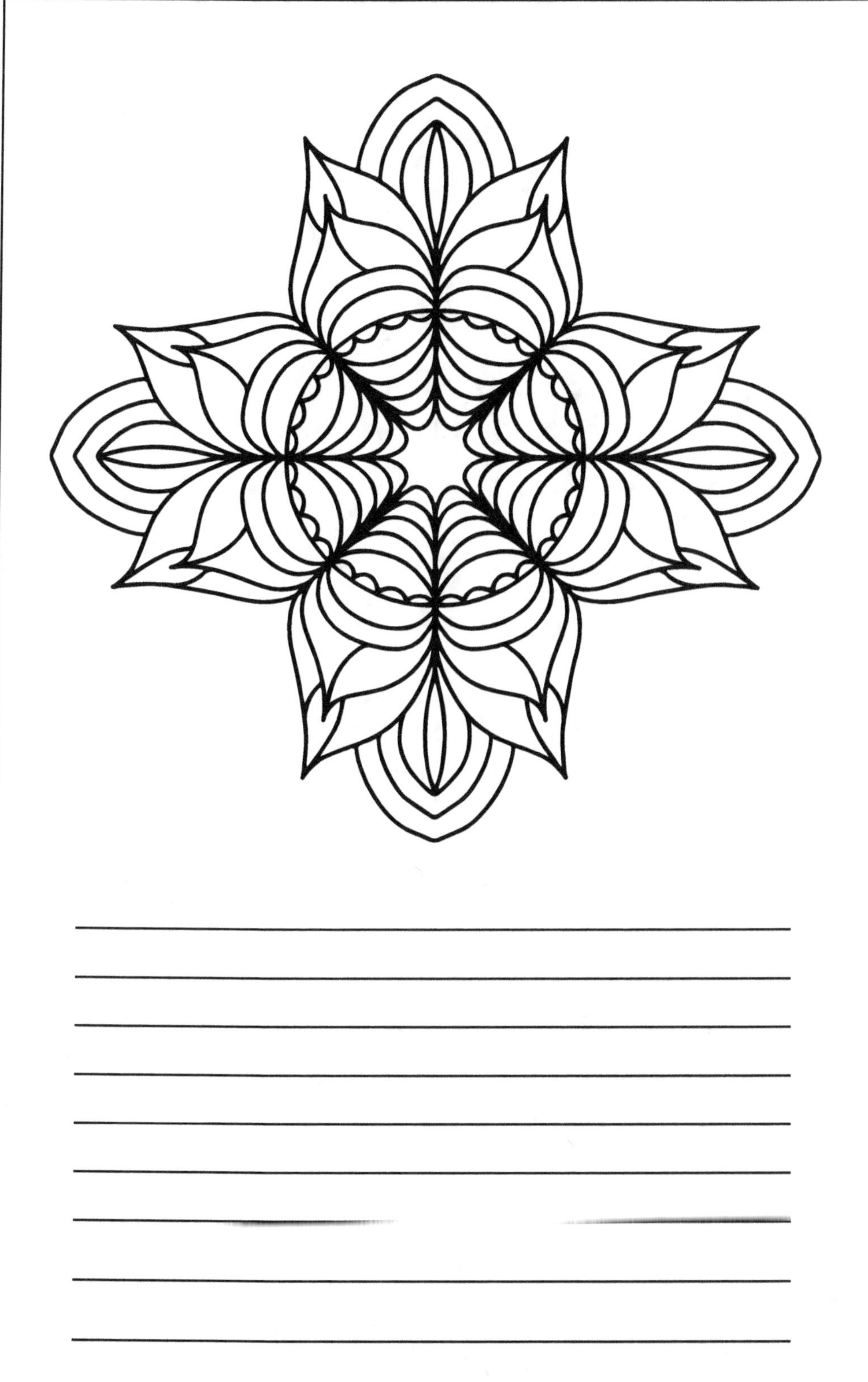

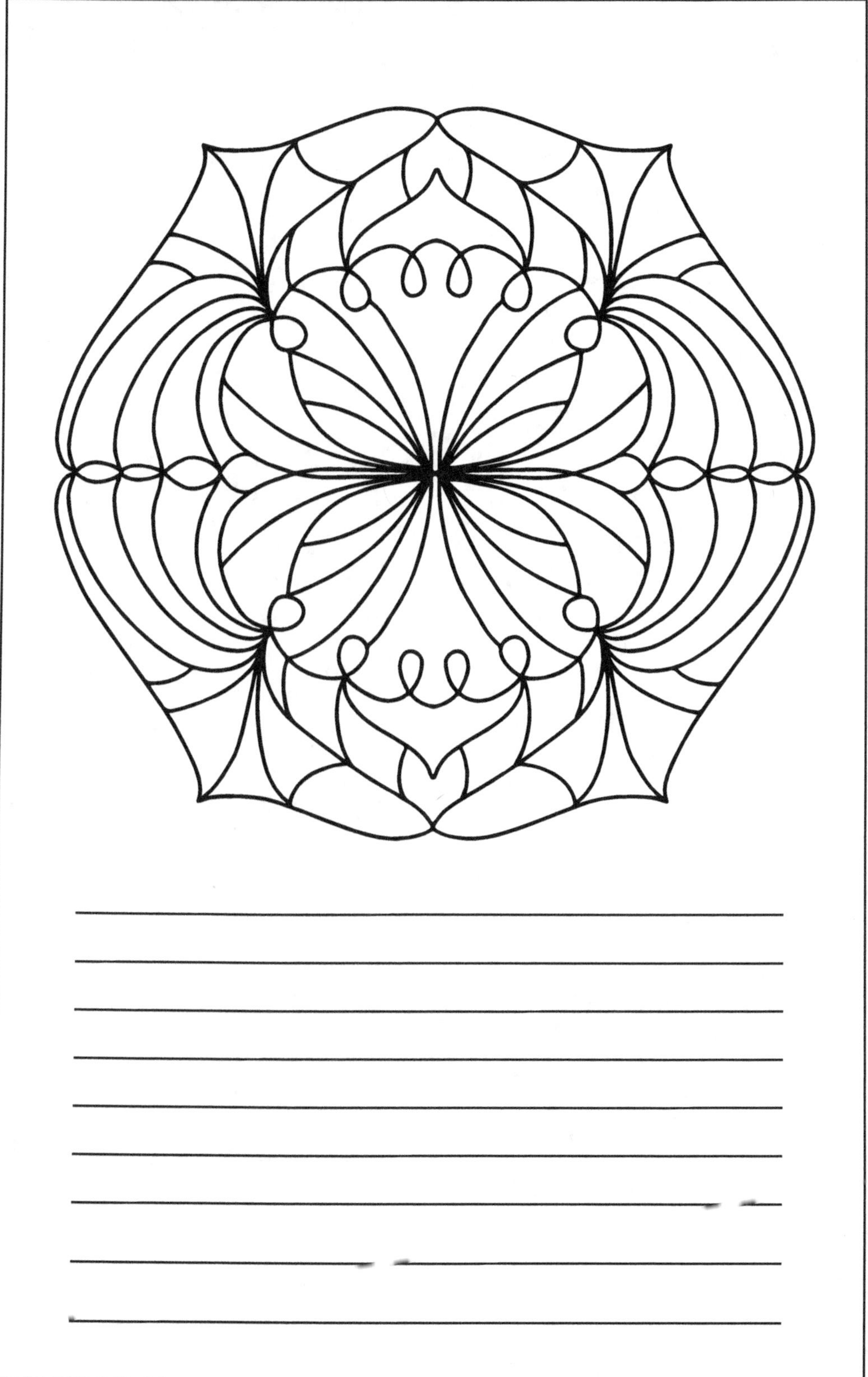

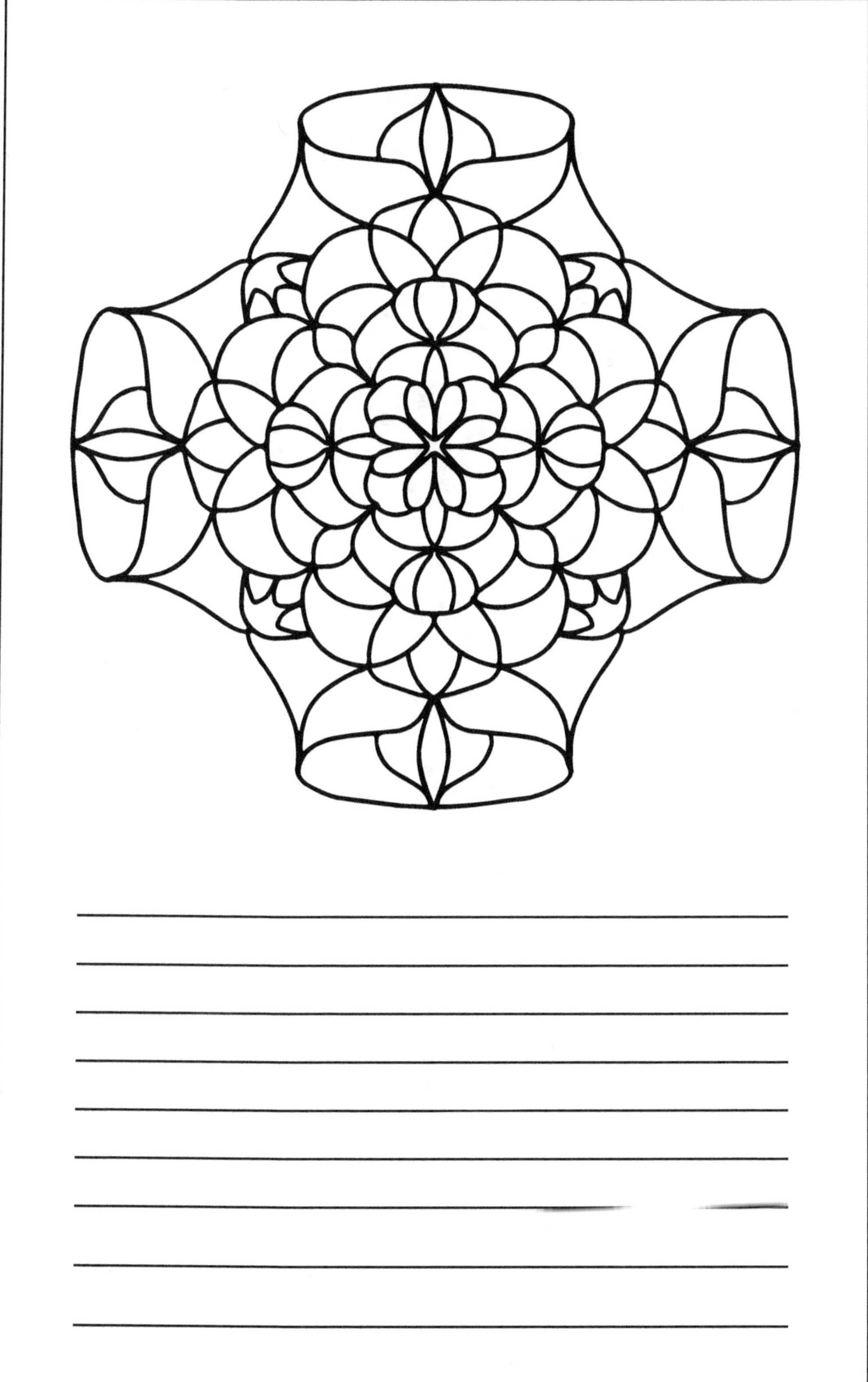

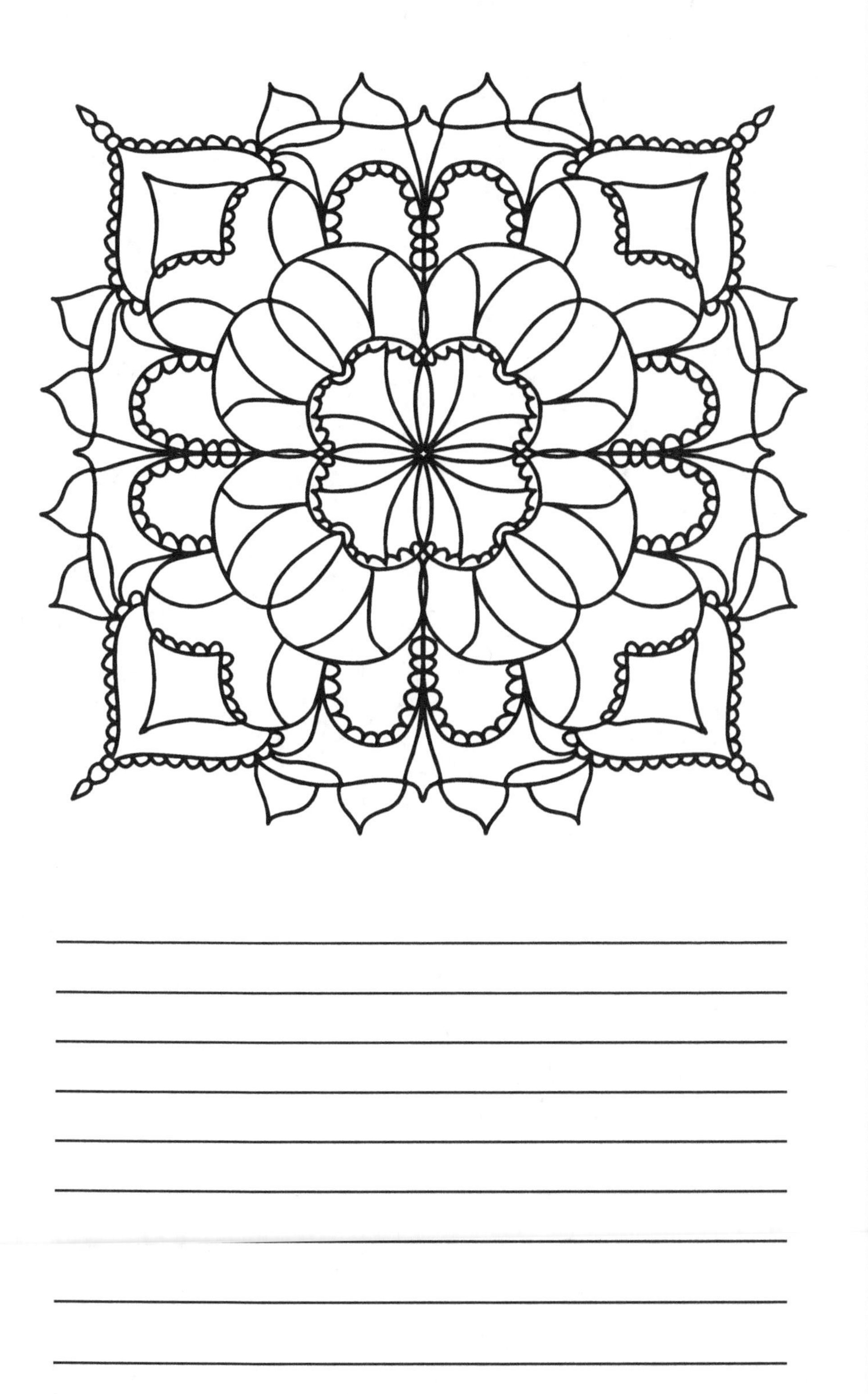

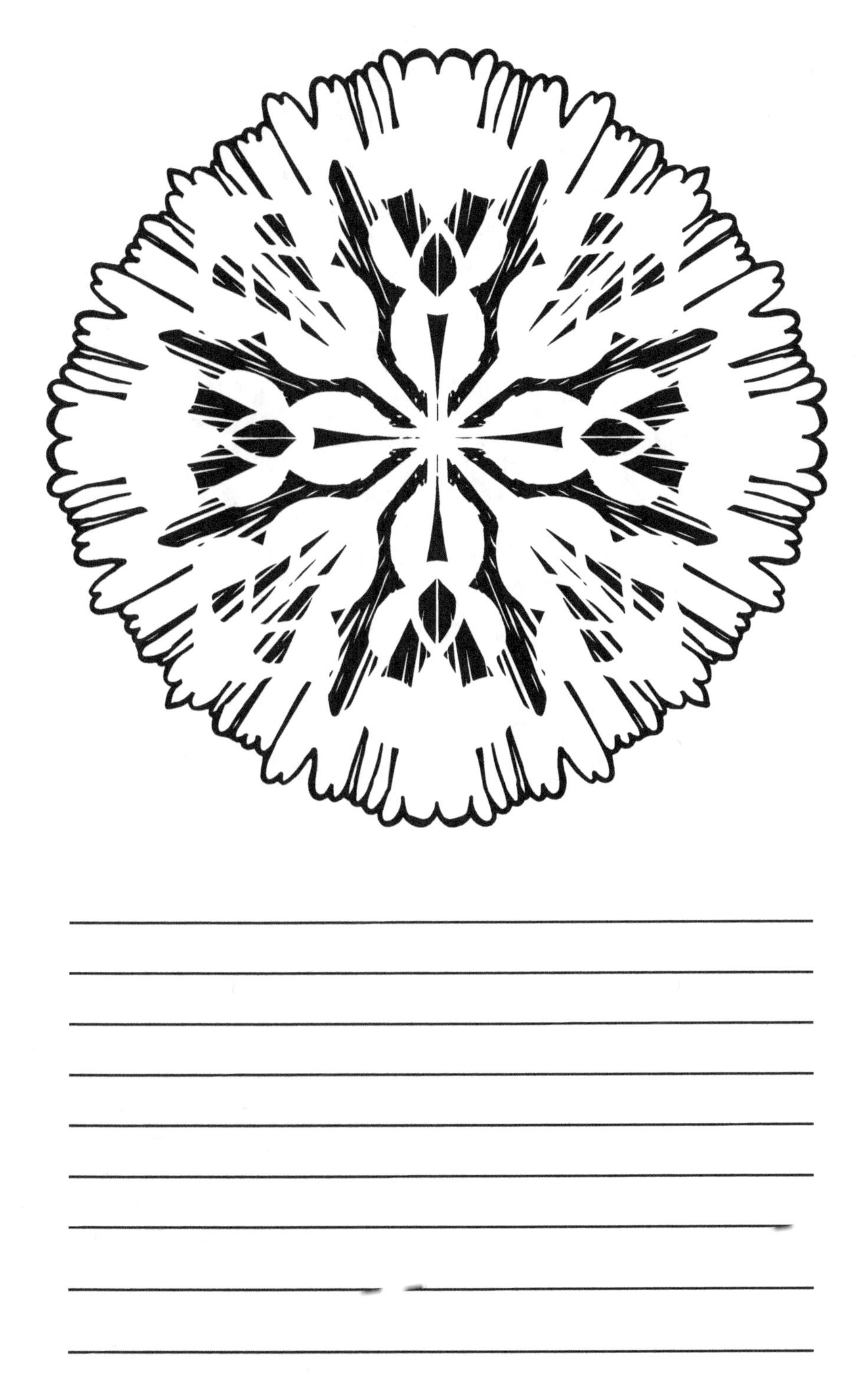

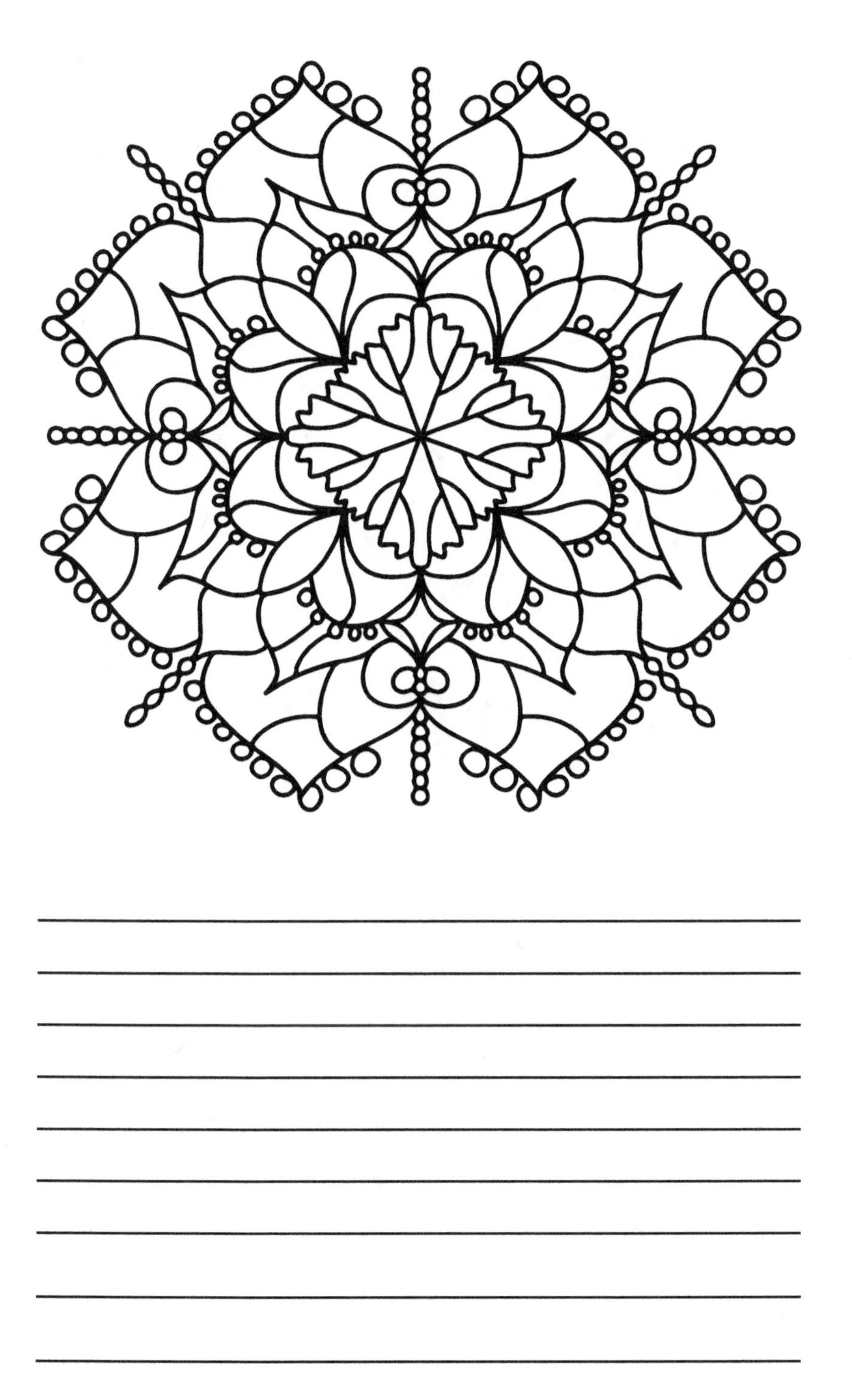

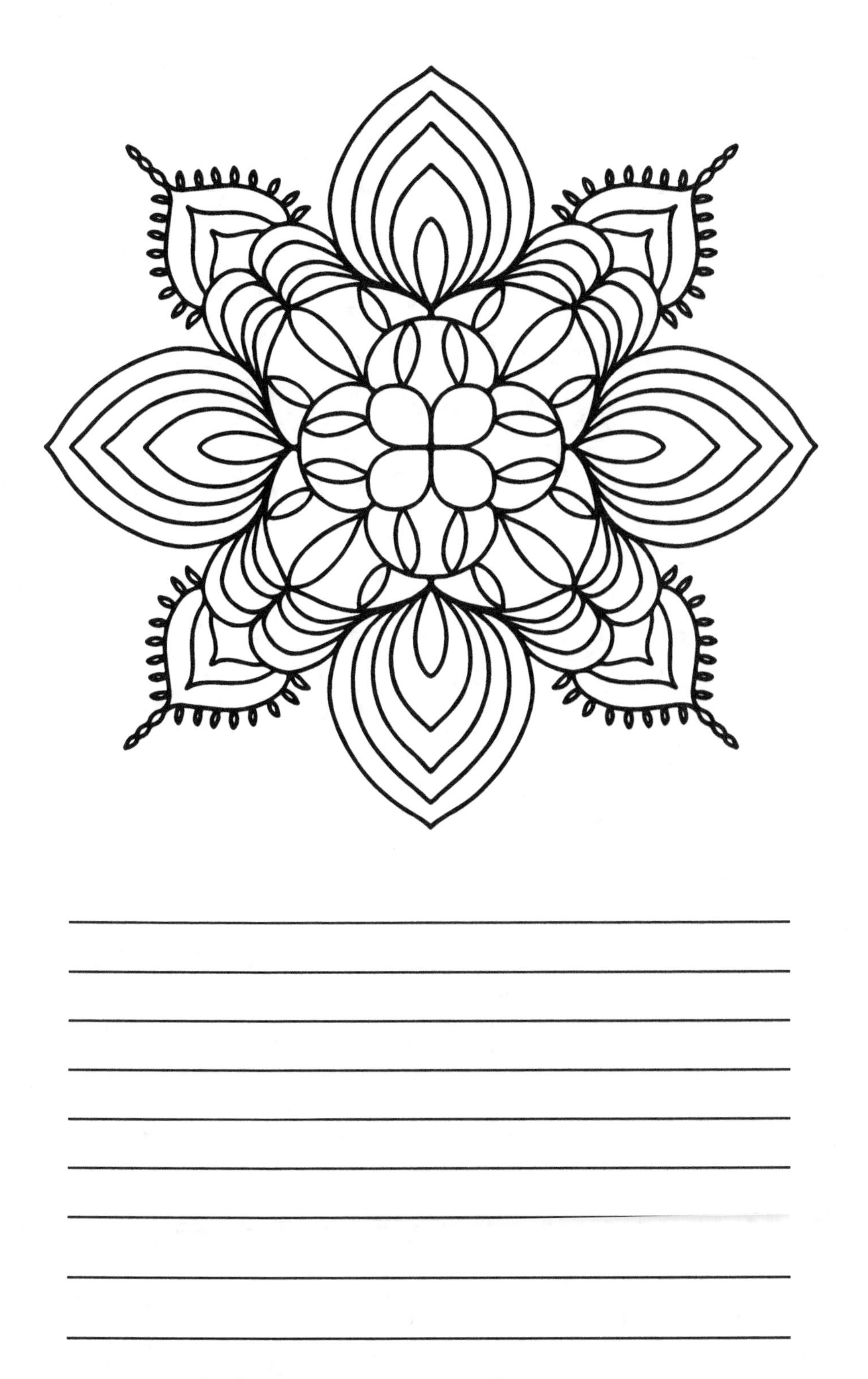

Impressum und Copyright Conny Seiler / email@farbundpinselstrich.ch

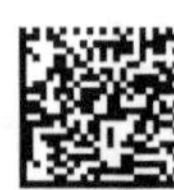

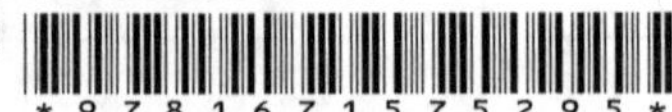9 781671 575295